El olor del dinero

¡Bienvenidos a bordo!, ¡Demasiado es demasiado!, ¿Hay algún autor en la sala?, ¿Hay algún crítico en la sala?, 13 y Martes, A corazón abierto, Amores a ciegas, Apenas un instante antes del fin del mundo, Asesinos de bromas, Atasco en el camino del cementerio, Aviso de paso, Bar Manolo, Batas blancas y humor negro, Bien está lo que mal empieza, Breves de escena, Breves del tiempo perdido, Cama y Desayuno, Cara o Cruz, Como un pez en el aire, Como una película de Navidad, Cosas del azar, Crash zone, Crisis y castigo, Cuarentena, Cuatro estrellas, Cuidado frágil, De verdad y de broma, Dedicatoria especial, Déjà vu, Denominación de Origen no Controlada, Después de nosotros el diluvio, Dramedias, El contrato, El cuco, El infierno son los vecinos, El joker, El olor del dinero, El pueblo más cutre de España, El reverso del escenario, El Rey de los Idiotas, El sorteo del Presidente, El último cartucho, El yerno ideal, Ella y El, Encuentro en el andén, Error de la funeraria a tu favor, Escenas callejeras, Escribir su vida, EuroStar, Flagrante delirio, Foto de Familia, Gay Friendly, Había una vez un barco chiquitito, Happy dogs, Jaque Mate, La barra, La cuerda, La función no está cancelada, La ventana de enfrente, Las pirámides, Los flamencos, Los Náufragos del Costa Mucho, Los rebeldes, Los suegros ideales, Los turistas, Memorias de una maleta, Ménage à trois, Milagro en el Convento de Santa María-Juana, Muertos de la Risa, Ni siquiera muerto, Nicotina, No siempre la música amansa a la fieras, Nochebuena en la comisaría, Nochevieja en la morgue, Nuestros peores amigos, Plagio, Por debajo de la mesa, Prehistorias grotescas, Preliminares, Pronóstico Reservado, Reality show, Regreso a la escena, Resaca, Sin flores ni coronas, Strip Póker, Un ataúd para dos, Un breve instante de eternidad, Un esqueleto en el armario, Un matrimonio de cada dos, Un pequeño asesinato sin consecuencias, Un pequeño paso para una mujer, un salto hacia atrás para la Humanidad, Un sueño de casa, Una noche infernal, Zona de turbulencias.

JEAN-PIERRE MARTINEZ

El olor del dinero

La Comédiathèque
comediatheque.net

PERSONAJES

Federico
Cristina
Carlos
Victoria

© La Comédiathèque
ISBN 978-2-38602-064-3

ESCENA 1

El modesto taller de pintura de Federico, que también funciona como sala de estar, en el loft donde vive con su pareja Cristina. Detrás de su caballete, Federico trabaja en un lienzo mientras escucha música. Cristina llega desde el exterior, con un abrigo puesto y una carpeta en la mano.

Cristina – ¡Hola!

Federico – ¿Ya estás aquí?

Cristina – Vaya bienvenida... Si te molesto, puedo volver en una hora.

Federico – Perdona... No me di cuenta de que el tiempo había pasado.

Federico detiene la música, pero sigue pintando.

Cristina – Tienes suerte... A mí, este día me ha parecido interminable... (*Se quita el abrigo, deja su carpeta, se acerca a él y le da un beso en los labios.*) Disculpa por interrumpirte mientras trabajas... Espero que algún día puedas tener tu propio taller.

Federico – Este me va muy bien.

Cristina – Me refiero a un taller tuyo, que no sirva al mismo tiempo como sala de estar. Para no molestarte cuando vuelva del trabajo.

Federico – Nunca me molestas, ya lo sabes.

Ella echa un vistazo al cuadro.

Cristina – ¿Es un lienzo nuevo?

Federico – Sí...

Cristina – Otro rostro... Misterioso, indescifrable...

Federico – Uno puede pasar toda su vida intentando desentrañar el misterio de un rostro.

Cristina – Y aún no tienes un modelo...

Federico – ¿Quieres que haga tu retrato?

Cristina – ¿Para que me desveles, como dices? Te decepcionarías. No tengo nada que ocultar...

Federico – Todos tenemos algo que ocultar. Para mí, seguirás siendo una mujer muy misteriosa.

Cristina – ¿Qué te sorprende tanto de mí?

Federico – Que hayas elegido vivir conmigo, en primer lugar.

Cristina – Eso se llama amor, ¿no?

Federico – Entonces el amor es algo muy misterioso.

Cristina – Es cierto... De hecho, me pregunto por qué tú elegiste vivir conmigo.

Federico – Oh, eso es muy sencillo.

Cristina – Te escucho.

Él deja sus pinceles, se acerca a ella y la abraza.

Federico – ¡Porque eres funcionaria de la Educación Nacional! Para un artista, es reconfortante el empleo estable.

Cristina (*divertida*) – Eres un bribón...

Federico – Sin ti... ningún banco nos habría dado un crédito a treinta años para comprar este antiguo garaje que ahora llamamos loft.

Cristina – En todo caso, no te elegí por tu romanticismo...

Federico – Te equivocas, soy un gran romántico. Obligado a ocultar mi sensibilidad detrás de un cinismo aparente.

Él deja sus pinceles y la besa.

Cristina – Tienes razón, sigue pintando sin modelo. No me gustaría volver a casa y encontrar a una chica desnuda, tumbada en mi sofá en una pose lasciva...

Federico – ¿Quieres posar para mí? Desnuda... En una pose lasciva...

Cristina – No tendría paciencia. Y tendríamos que subir la calefacción...

Federico – No estoy seguro de que podamos permitírnoslo... Bueno, creo que voy a parar aquí.

Cristina – Te distraje.

Federico – Me encanta cuando me distraes... ¿Cómo fue tu regreso a clases?

Cristina – Pre-regreso... Hoy solo estaban los profesores. El gran día es el lunes. Soltamos a las fieras...

Federico – Han prohibido los animales en los circos. También deberían prohibir a los niños en las escuelas.

Cristina – Pero entonces me quedaría sin trabajo. Ya solo comemos papas.

Federico – Me encantan las papas. De hecho, me encanta comerlas contigo.

Cristina – Vamos a salir adelante. Al final se darán cuenta de que tienes talento.

Federico – No he vendido un cuadro en semanas.

Cristina – Con tu página web, al menos atrajiste algunos visitantes.

Federico – Sí. Vienen, miran, charlan... A cualquier hora. Les ofrezco café, pero rara vez sacan el talonario al final.

Cristina – Tu exposición fue un éxito.

Federico – Una exposición en un restaurante... Hasta que no esté en una galería digna de ese nombre. Preferiblemente en Madrid...

Cristina – ¡Pero te niegas a contactar a las galerías madrileñas!

Federico – ¿Para qué serviría? Nadie me conoce. Y ya están tan solicitadas...

Cristina – ¿Y tu misterioso coleccionista ruso? ¿Aquel que te compraba un cuadro cada mes para que se lo enviaras a Londres...

Federico – No tengo noticias de él... Tal vez esté muerto...

Cristina – Vamos... Habrá otros...

Federico – Claro... Me ocupé de la cena.

Cristina – ¡Genial! ¿Qué vamos a comer?

Federico – Papas.

Cristina – Estupendo... ¿Papas fritas? ¿Puré?

Federico – Es una receta francesa : "pommes de terre en robe des champs". Creo que significa... papas en bata.

Cristina – Voy a ponerme la mía y enseguida estoy contigo. Para una noche romántica...

Federico – ¿No te importa si me quedo así? No me queda bien la bata.

Cristina – Voy a aprovechar para ducharme.

Ella se va. Él mira su cuadro con expresión insatisfecha. Timbre. Va a abrir y regresa acompañado de Carlos.

Federico – Por favor, pasa... Este es mi taller...

Carlos – Gracias por recibirme sin previo aviso.

Federico – Estoy acostumbrado... Pero es mejor llamar antes. Podría no estar aquí...

Carlos – Habría vuelto... (*Mira el lienzo*) Es muy... perturbador, este retrato. Pero es magnífico. ¿Es un rostro de hombre o de mujer?

Federico – Eso... Eso es parte del misterio...

Carlos – La verdad nunca se muestra en la primera mirada, desnuda en toda su plenitud...

Federico – De lo contrario, mejor tomar una foto.

Carlos – El misterio es lo que le da todo el encanto a la Mona Lisa, ¿verdad?

Federico – Para la Mona Lisa, al menos, sabemos que es una mujer... Pero tiene razón. Pinto para acceder a cierta forma de verdad. Representando la realidad de una manera diferente a cómo aparece a primera vista. Justamente estaba hablando de eso con mi esposa...

Carlos – Entonces, está casado...

Intrigado por el giro personal que toma la conversación, Federico simplemente sonríe.

Federico – ¿Descubrió mis cuadros en mi página web?

Carlos – No...

Federico – ¿Es usted galerista? ¿Coleccionista? ¿O simplemente amante de la pintura?

Carlos – Me gusta la pintura, es cierto... pero no soy nada de eso. Para decirle la verdad... no vengo a comprar un cuadro.

Federico – Ahora que está aquí, siempre puede echar un vistazo, no se compromete a nada.

Carlos – Lo que tengo que decirle no tiene nada que ver con la pintura, lamentablemente...

Federico – Lo escucho...

Carlos – He venido a darle una mala noticia.

Federico – Ya me lo imaginaba... Pero adelante, por favor.

Carlos – Tal vez ya esté al tanto...

Federico – No, no... Digamos que... no estoy acostumbrado a que desconocidos vengan a llamar a mi puerta sin previo aviso para darme buenas noticias.

Carlos – Detrás de una mala noticia, a menudo hay una contrapartida positiva.

Federico – Empieza a preocuparme un poco... No será usted Testigo de Jehová, ¿verdad?

Carlos – No, tranquilícese.

Federico – Entonces, ¿quién es usted? ¿Y qué tiene tan urgente que decirme?

Carlos – Soy... Bueno, era el abogado de su padre.

Federico – ¿Mi padre?

Carlos – Charles. Charles Andreani. ¿Usted es su hijo, verdad?

Federico – Sí... Aparentemente.

Carlos – Bueno... Su padre nos ha dejado.

Federico – Lo lamento por usted. Pero, ya sabe, él también me dejó a mí hace años, así como a mi madre y a mi hermana.

Carlos – Quería decir que... el señor Andreani ha fallecido.

Federico – Sí. Lo entendí.

Carlos – Sé que ya no tenía relación con su padre desde hace mucho tiempo, y entiendo que esta visita lo tome desprevenido. Podría haberle enviado una carta, por supuesto. Pero quería avisarle en persona.

Federico – Cuando mi padre dejó Francia, yo tenía cinco años. Mi madre falleció hace unos años. No tenía noticias de él desde hace mucho tiempo. Por supuesto, tampoco vino a su funeral. Comprenderá que el anuncio de su fallecimiento no me afecte demasiado.

Carlos – Lo entiendo.

Federico – Según nos contó mi madre, él se fue a Estados Unidos con la esperanza de hacer fortuna allí, abriendo un restaurante... Eso es todo lo que sé...

Carlos – Falleció en México. Eso es donde estaba establecido desde hace años.

Federico – ¿Es usted mexicano?

Carlos – Es un poco más complicado que eso.

Federico – Lo contrario me habría sorprendido. ¿Y qué hacía en México?

Carlos – Tenía... restaurantes, precisamente. Bueno, más bien bares...

Federico – Nuestra madre nos dijo que sus negocios en Estados Unidos no habían tenido tanto éxito como esperaba.

Carlos – Por eso fue a México.

Federico – ¿Y elige a un abogado para anunciarme su muerte? ¿Acaso quiere demandarme?

Carlos – Entiendo su amargura, créame.

Federico – Lo dudo.

Carlos – Pero más allá del aspecto emocional, también hay un aspecto legal... y financiero. Ahí es donde llego a la contrapartida positiva...

Federico – ¿A qué se refiere?

Carlos – Usted era su hijo. Usted es el heredero.

Federico – ¿El heredero?

Carlos – Junto con su hermana, por supuesto.

Federico – ¿Fuiste a ver a Victoria?

Carlos – Sí.

Federico – Pero, ¿qué dejó exactamente? Bares, ¿verdad? Me gusta La Corona, es cierto, pero no me veo como dueño de un bar en México. Y tampoco estoy seguro de que mi esposa quiera encargarse de la caja.

Carlos – Su padre tenía bares, es cierto. Pero en los últimos años de su vida, se desvinculó de esa actividad y colocó gran parte de su fortuna en Europa.

Federico – ¿Dijiste... su fortuna?

Carlos – Sí... Bueno, tampoco era multimillonario.

Federico – Pero, ¿estamos hablando de cuánto exactamente?

Carlos – No puedo decírselo con precisión en este momento, pero lo sabrá pronto. En primer lugar, quería informarle sobre el fallecimiento de su padre.

Federico – ¿Usted es realmente abogado?

Carlos – Principalmente, era su hombre de confianza... y su amigo.

Federico – ¿Su amigo?

Carlos – Digamos que... lo ayudé más de una vez a salir de situaciones un tanto delicadas.

Federico – Y... cuando dice "situaciones delicadas", ¿eso incluye también la cárcel?

Carlos – No se hace fortuna sin correr algunos riesgos. Especialmente en México. Lo que significa tomar algunas libertades con la ley en ocasiones...

Federico – No estoy seguro de querer saber más.

Carlos – Tal vez sea mejor así.

Federico – Y aún puedo rechazar la herencia.

Carlos – Le dejo que reflexione sobre todo esto, pero sería una lástima.

Federico – Ya he reflexionado. El dinero no me interesa. Y mucho menos el de mi padre.

Carlos – Tómese su tiempo para hacer su duelo. Y hable de ello con su esposa. Las mujeres a menudo dan buenos consejos. Especialmente cuando se trata de dinero...

Federico – Mi duelo ya está hecho desde hace mucho tiempo. Y supongo que ya se llevaron a cabo los funerales, ¿verdad?

Carlos – No hubo funerales. No se encontró su cuerpo.

Federico – ¿Cómo que no se encontró su cuerpo? ¿Cómo murió?

Carlos – Estaba en un avión. Un avioncito que se estrelló en el mar frente a Veracruz. Solo se encontraron los restos del fuselaje...

Federico – Definitivamente, mi padre siempre fue alguien muy... escurridizo hasta el final.

Cristina regresa en bata.

Cristina – Disculpen recibirlos así, no sabía que teníamos visitas...

Carlos – Soy yo quien se disculpa, querida señora... De hecho, me estaba yendo...

Cristina – No soy yo quien lo está echando, espero. Puedo quitarme esta bata, ya sabe. (*Carlos le lanza una mirada sorprendida.*) Bueno, quiero decir... para ponerme algo más apropiado en su lugar.

Carlos – Es tarde. Nos volveremos a ver pronto para hablar de todo esto. Con la mente despejada. Señora, mis respetos.

Federico – Ni siquiera tengo sus datos de contacto...

Cristina hace un gesto para despedirlo.

Carlos – Seré yo quien se comunique con ustedes. No se preocupen, conozco el camino.

Sale.

Cristina – ¿Quién era ese tipo?

Federico – Un amigo de mi padre.

Cristina – ¿Tu padre? Me dijiste que apenas lo conocías. Pensé que estaba muerto...

Federico – Sí, yo también...

Cristina – ¿Y qué quería?

Federico – Anunciarme la muerte de mi padre.

Cristina – Lo siento mucho.

Federico – Al menos, ahora es oficial...

Cristina – ¿Estás bien?

Federico – La última vez que lo vi, todavía era un niño.

Cristina – Pero lo recuerdas, ¿verdad?

Federico – Ya no sé muy bien qué recuerdo... y qué inventé. Todo se mezcla un poco en mi cabeza...

Cristina – Y entonces, ¿le guardas rencor...? Bueno... le guardabas rencor...

Federico – Le guardé rencor, por supuesto. Al principio. Después me culpé a mí mismo...

Cristina – ¿Por qué?

Federico – Me preguntaba si no era por mi culpa que se fue.

Cristina – Es absurdo... pero entiendo eso. Deberías haberle preguntado a tu madre...

Federico – Sí... Pero no es fácil abordar ese tipo de temas con tu madre.

Cristina – Por supuesto...

Federico – Y luego, después de un tiempo... lo acepté. Casi logré olvidarlo. Si lo hubiera visto en la calle, probablemente no lo habría reconocido.

Cristina – Y esta noche, un desconocido llama a la puerta para anunciarte su desaparición...

Federico – Aún me parece extraño saber que realmente está muerto.

Cristina – No sé qué decirte...

Federico – No dije que me entristeciera especialmente. Nos abandonó a todos hace años y nunca volvimos a tener noticias suyas.

Cristina – Entonces, ¿por qué se tomó la molestia de que te informaran sobre su muerte?

Federico – Para resolver la sucesión, al parecer.

Cristina – Ah sí, eso es cierto... También está eso... ¿Y un amigo se encargó de resolver su sucesión?

Federico – Este tipo también era su abogado...

Cristina – Realmente no tiene aspecto de abogado.

Federico – Sí, eso fue lo que pensé cuando lo vi.

Cristina – ¿Cómo se llama?

Federico – Ni siquiera pensé en preguntarle. Estaba tan sorprendido. Es mexicano.

Cristina – ¿Mexicano?

Federico – Sí, lo sé, tampoco tiene aspecto de mexicano...

Cristina – Al mismo tiempo, nunca hemos estado allí. Supongo que no todos los mexicanos tienen la tez morena y no todos caminan con un sombrero y una cartuchera cruzada en el pecho, al estilo de Pancho Villa...

Federico – Seguramente no los abogados, al menos... Según lo que me dijo, mi padre tenía bares sospechosos en México.

Cristina – ¿Te lo dijo así, simplemente? ¿Bares sospechosos?

Federico – Eso es lo que entendí. De todas formas, voy a rechazar la herencia.

Cristina – Bueno... ¿Estás seguro?

Federico – ¿Seguro de qué?

Cristina – De que quieres rechazar la herencia.

Federico – No quiero complicaciones. Y sobre todo, no quiero ese dinero.

Cristina – ¿Mucho dinero?

Federico – No lo sé... No me lo dijo.

Cristina – ¿Y no le preguntaste?

Federico – Acababa de informarme de la muerte de mi padre...

Cristina – Perdona, pero como me dijiste que te importaba poco... Es estúpido de mi parte. Nadie se despreocupa tanto de la muerte de su padre.

Federico – Para la herencia, no me dijo cuánto. Pero por lo que sé de mi padre, seguramente habrá más problemas que dinero por esperar.

Cristina – Piénsalo bien. Rechazar la herencia de tu padre no es solo una cuestión de dinero. También hay una dimensión simbólica...

Federico – Ah, ¿sí? Me gustaría discutirlo con mi psicoanalista, pero no tengo los medios para pagarlo.

Cristina – Justamente... Dinero, no tenemos mucho.

Federico – Tenemos lo suficiente para vivir.

Cristina – Si tú lo dices.

Federico – Mientras tengamos suficiente para comprar patatas...

Cristina – Tú decides... Es tu padre...

Federico – Exacto... Es mi padre...

Cristina – ¿Y tu hermana?

Federico – También fue a verla.

Cristina – Entonces no tardaremos en tener noticias suyas.

Federico – Seguramente no esta noche. Debe estar bastante afectada por todo esto...

Cristina – ¿No quieres llamarla?

Federico – ¿Para decirle qué?

Cristina – No lo sé... Bueno... Entonces, a la mesa.

Se escucha el timbre.

Federico – Y yo que pensaba pasar una noche tranquila...

Cristina va a abrir. Vuelve con Victoria, la hermana de Federico.

Victoria – Entonces, ¿lo viste?

Cristina – Acaba de irse. Podrías habértelo cruzado...

Victoria (*muy emocionada*) – ¡Es increíble esta historia! Siento como si hubiera visto a Papá Noel y me pellizco para asegurarme de que no he soñado.

Federico – Hola Victoria. Supongo que, en lugar de Papá Noel, te refieres a ese abogado mexicano que acaba de anunciarnos la muerte de nuestro padre.

Victoria – No estás bromeando, ¿verdad?

Federico – No, no, tranquilízate. No es una broma. Papá realmente ha muerto...

Victoria (*recuperándose un poco*) – Es cierto... Era nuestro padre, después de todo...

Cristina – ¿Quieres tomar algo? ¿Un café?

Victoria – Gracias, ya estoy bastante nerviosa...

Cristina – ¿Una infusión, quizás?

Victoria – Bueno, al fin y al cabo, todo el mundo creía que estaba muerto desde hace mucho tiempo. En resumen, solo es una confirmación.

Cristina – Tampoco una infusión, de acuerdo...

Victoria – Parece que ni siquiera hubo un entierro. Es increíble...

Federico – ¿Por qué? ¿Habrías ido?

Victoria – ¿Y tú?

Federico – No lo sé. México está lejos...

Victoria – Bueno... Está muerto, está muerto... Pero ¿te habló de la herencia?

Federico – Sabes, yo... El dinero...

Victoria – Sí, bueno... Aunque no nos interesemos por el dinero... Se trata de 10 millones de euros, después de todo...

Cristina – ¿Perdón?

Victoria – ¿No te lo dijo?

Federico – No fue tan preciso. Y no pedí detalles...

Victoria – Eso serían alrededor de cinco millones para cada uno.

Federico – No te emociones demasiado rápido... Temo que no sea tan sencillo...

Victoria – Incluso si hay algunos trámites y hay que esperar un poco para recibir los fondos...

Federico – No me refería a eso...

Victoria – ¿A qué te refieres entonces?

Federico – Habló de negocios más o menos ilegales. En México. Y créeme, para que una actividad sea considerada ilegal en México, no estamos hablando solo de evasión fiscal.

Victoria – Me aseguró que todo ese dinero era perfectamente legal. Que lo había reinvertido en propiedades inmobiliarias en París...

Federico – Sigue siendo dinero sucio. ¿No te plantea ningún problema?

Victoria – Dinero es dinero. Y el dinero no tiene olor.

Federico – Ah, entiendo... Si empezamos a invocar la sabiduría popular, entonces...

Victoria – ¿No estás de acuerdo, Cristina?

Cristina – Es vuestro padre... Sois vosotros quienes decidís qué hacer con ese dinero...

Victoria – El dinero... Viene y va. Mientras ahora sea dinero limpio...

Federico – Eso se llama blanqueo de dinero...

Victoria – ¡El dinero circula! ¿Quién te dice que en algún momento el dinero que tienes en el bolsillo no se usó para comprar drogas?

Federico – Tienes razón... La naturaleza del dinero es ser sucio. Incluso creo que Freud decía que era mierda. Por eso evito tenerlo en mi bolsillo.

Victoria – Es verdad, se me olvidaba... El señor es un artista... El dinero... El señor está por encima de todo eso...

Federico – No todo el mundo puede vivir de la especulación inmobiliaria como tu querido esposo...

Victoria – ¿Porque el arte no es un mercado, acaso? Bueno, al menos para los artistas que logran vender sus pinturas...

Cristina – Quizás deberíamos calmarnos un poco, ¿no?

Victoria – Pues mira, yo no rechazaría cinco millones. De donde sea que vengan... Es nuestro padre, después de todo. No podemos decir que se haya preocupado mucho por nosotros. Merecemos una pequeña compensación...

Federico – ¿Nuestro padre? No sabemos nada de su vida. Menos aún de sus asuntos. Y respecto a su supuesto abogado mexicano...

Victoria – ¡No viene a pedirnos dinero, viene a darnos dinero!

Federico – Te recuerdo que cuando aceptas una herencia, tomas los activos y los pasivos. En su caso, no estoy seguro de que los activos compensen los pasivos. En todos los sentidos...

Cristina – Siempre puedes aceptar con beneficio de inventario...

Victoria – Tienes razón... No hay nada que nos impida buscar el consejo de un notario.

Federico – ¿De verdad crees que un notario de pueblo podrá decirnos si debemos aceptar o no la herencia de un mafioso mexicano?

Cristina – Un mafioso... ¿No crees que estás exagerando un poco...?

Federico – ¿Y tu esposo, qué piensa al respecto?

Victoria – ¿Marco? Aún no se lo he mencionado... Esperaba estar segura.

Federico – ¿Segura del monto de la herencia?

Victoria – ¡Segura de que no estoy soñando!

Federico – Bueno, gracias por tu visita, Victoria. Es cierto que no nos honras con tu presencia con frecuencia...

Victoria – Podría decirte lo mismo. ¿Cuánto tiempo ha pasado desde que viste a tus sobrinos?

Cristina (*para aliviar la atmósfera*) – ¿No quieres quedarte a cenar con nosotros?

Federico – Hicimos papas... Eso te cambiará... Seguramente no las comes a menudo... Verás, están muy ricas... cuando están bien preparadas.

Victoria (*a Cristina*) – Es amable de tu parte, gracias, pero creo que no podría comer nada. Además, tengo que irme. Marco se preguntará dónde he estado. Y los niños también. Hablaremos de todo esto mañana, ¿de acuerdo?

Federico – Está bien... Buenas noches... Y que tengas dulces sueños...

Victoria – Es increíble, esta historia... Diez millones...

Victoria se va.

Cristina (*irónica*) – Tenías razón, parece completamente conmocionada por la muerte de su padre...

Federico – No lo entiendo... Ella ni siquiera necesita dinero... Su esposo gana más en un mes que nosotros dos en dos años.

Cristina – Su esposo, sí...

Federico – ¡Ni siquiera necesita trabajar!

Cristina – Precisamente... Tal vez ella quiera tener su propio dinero. Para depender menos de su esposo.

Federico – Si yo tuviera cinco millones, ni siquiera sabría qué hacer con ellos.

Cristina – Cinco millones, yo tampoco. Pero si tuviera cinco mil euros, seguramente sabría. Y respecto al resto, tendríamos tiempo para pensar... Estoy segura de que se nos ocurrirían ideas...

Federico – Sí, ¿como cuáles?

Cristina – No lo sé... Pagar el crédito de este apartamento, para empezar. Para evitar que la mitad de mi salario sea confiscado por el banco cada mes... Y que nos quede algo para untar en las papas...

Federico – Cuidado, la mantequilla engorda.

Cristina – He perdido tres kilos en un año y ni siquiera te has dado cuenta. Tómate el tiempo de reflexionar, Federico. Cinco millones cambiarían nuestras vidas.

Federico – ¿Para mejor, estás segura? (*Irónico*) Para citar grandes proverbios, como mi hermana, te recuerdo que según la sabiduría popular, "el dinero no trae la felicidad"...

Cristina – ¿Qué te molesta exactamente la idea de tener unos cuantos millones? Si intentas vender tus cuadros, es precisamente para tener dinero.

Federico – ¡No empieces tú también! Dinero que hubiera ganado por mí mismo, sí. Pero no me veo viviendo con el dinero de ese hombre a quien siempre he odiado. ¿Tengo derecho, no? Y además, no necesitamos realmente dinero.

Cristina – Habla por ti...

Federico – ¿Perdón?

Cristina – Tú no necesitas dinero, ¡soy yo quien paga las facturas!

Federico – De acuerdo... Ahí llegamos...

Cristina – Si tienes una buena razón para rechazar ese dinero, dímelo, Federico. Si se trata de algo grave, lo entenderé.

Federico – No soy un niño maltratado, si es eso lo que quieres decir... Y tampoco he sufrido abusos sexuales... Mi padre nos abandonó. No quiero nada que venga de él, eso es todo. ¿No somos felices los dos?

Cristina – Sí...

Federico – Ese dinero no nos traerá nada bueno, créeme. Nada de lo que viene de mi padre podrá traernos algo bueno.

Cristina – Entiendo que todo esto no sea fácil para ti. Pero hoy te pido que pienses un poco en mí.

Federico – ¿En ti?

Cristina – Tú has cumplido tu sueño, Federico. Eres pintor.

Federico – Sí... Gracias a ti, lo sé...

Cristina – Si yo ya no tuviera que trabajar...

Federico – Pensé que te gustaba tu trabajo como maestra. Que te sentías útil...

Cristina – Lo amé... Pero cada vez me siento menos útil. Enseñar en la periferia, ya sabes, se ha vuelto muy difícil. No digo que no sirva para nada, pero bien podría pasarle el testigo a alguien más. Para finalmente hacer lo que quiero hacer. Al menos intentarlo...

Federico – ¿Como qué?

Cristina – ¿Crees que soy incapaz de tener deseos personales, verdad?

Federico – ¡Pero para nada! Solo te pregunto qué harías si ya no tuvieras que trabajar.

Cristina – No lo sé... Tal vez me pondría a escribir...

Federico – No sabía que querías escribir... Nunca me lo has mencionado...

Cristina – Porque hasta ahora, ¿sabes qué? Dos artistas en nuestra pareja, eso era al menos uno de más...

Silencio.

Federico – De acuerdo, prometo pensarlo...

Cristina – Gracias...

Federico – Pero no te prometo que cambiaré de opinión...

Negro.

ESCENA 2

Federico está pintando, pero esta vez sin música. El teléfono suena. A regañadientes, contesta.

Federico – Sí... ¿Crédito Solidario? Ah, sí, de acuerdo... Sí, sí, tenemos una cuenta con ustedes... Y un crédito a treinta años, en efecto... No entiendo... Debe de ser un error... Lo sé, Crédito Solidario nunca se equivoca... No, no, por supuesto... De acuerdo, hablaré con mi esposa, ella es la que se encarga de... Y ella los llamará de vuelta, ¿verdad?... Gracias... Feliz Navidad también para ustedes...

Suspira, luciendo preocupado, y vuelve a pintar. Timbre. Va a abrir, visiblemente molesto, y regresa con Carlos, una maleta en una mano y una bolsa de papel en la otra.

Federico – Parece que no podemos separarnos...

Carlos – Compré croissants de chocolate en la panadería de abajo. Parecían tan deliciosos. No pude resistirme. (*Le entrega el paquete*) ¿Quiere?

Federico – ¿Realmente cree que puede comprarme con croissants de chocolate?

Carlos – No estoy aquí para comprarle, Federico. Le ofrezco cinco millones, y no hay ninguna contrapartida.

Federico toma la bolsa de papel y la coloca sobre la mesa junto a una cafetera.

Federico – Supongo que ahora debería ofrecerle un café a cambio, ¿no?

Carlos – ¿A cambio de los cinco millones? Sabía que Madrid era una ciudad cara, pero... sería el café más caro que he bebido en mi vida.

Federico – Bueno, ¿quiere un café, sí o qué?

Carlos – Bueno, no me vendría mal. Está amablemente ofrecido...

Federico le sirve un café. Se sientan, toman cada uno un croissant de chocolate y la comen.

Federico – Gracias por los croissants de chocolate...

Carlos – Hace años que no comía uno...

Federico – ¿No se hacen croissants de chocolate en México?

Carlos – Es mi madeleine de Proust... Me trae muchos recuerdos a la mente...

Federico – Entonces has vivido en España... Además, hablas el castellano sin el menor acento. ¿Qué le llevó a México también?

Carlos – Ya le contaré mi vida en otro momento... Por ahora, se trata de su padre.

Federico – Estoy escuchando...

Carlos – Necesito conocer su decisión. Su hermana, como sabes, decidió aceptar la herencia.

Federico – ¿Y si yo la rechazo?

Carlos – La totalidad le corresponderá a ella.

Federico – ¿Y a ella no le importa de dónde viene ese dinero?

Carlos – Le he proporcionado todas las garantías necesarias. Así como a su notario. Todo está perfectamente en regla con el fisco español.

Federico – Si usted lo dices... Pero ese no es el sentido de mi pregunta. Que el dinero sea legal hoy en día es una cosa. Pero ¿de dónde proviene? Yo necesito saberlo...

Carlos – Su hermana no tiene tantos escrúpulos como usted.

Federico – Prefiero tomarlo como un cumplido...

Carlos – Y su cuñado tampoco los tiene...

Federico – Él es promotor inmobiliario... Y sabe usted que un promotor inmobiliario no necesariamente es un modelo de moralidad. ¿De dónde viene ese dinero?

Carlos – Se lo dije, su padre tenía bares.

Federico – No se burle de mí. No se ganan diez millones en veinte años vendiendo tequila a mexicanos.

Carlos – Seré franco contigo... Los bares que tenía su padre también empleaban... strippers.

Federico – ¿Strippers? Vaya... Entonces mi padre tenía burdeles y soy el hijo de un proxeneta.

Carlos – Es una manera de verlo.

Federico – ¿No es su manera de verlo?

Carlos – Es un poco como la pintura, ¿sabe? Las cosas siempre parecen muy simples cuando las ves desde lejos. Cuando estás más cerca, uno se da cuenta de que son más complejas.

Federico – Gracias por esta pequeña lección de perspectiva... Pero me dijo que mi padre tenía problemas con la justicia. Supongo que en México no se molesta a la gente por un simple caso de proxenetismo. ¿Es posible que mi padre haya estado vendiendo algo más que mujeres y alcohol en sus burdeles?

Carlos – De hecho, a algunos clientes les proporcionaba sustancias menos legales...

Federico – Entonces también era traficante de drogas.

Carlos – Yo diría más bien minorista. He sido honesto con usted. Pero es mejor que no sepa más.

Federico – Ah, ¿porque hay algo más?

Carlos – Su padre no era el despreciable que usted piensa.

Federico – Me está diciendo que era un proxeneta y un traficante. Por simple curiosidad, ¿podría saber cuál es su definición de un despreciable?

Carlos – Esos burdeles ya existían antes de que Charles tomara el control. La prostitución es el oficio más antiguo del mundo. Y el tráfico de drogas tampoco esperó a su padre para prosperar en México. No inventó nada, ya sabe...

Federico – Repito mi pregunta : ¿hay algo más que debería saber?

Carlos – Es cierto que su padre tuvo problemas con la justicia. Estuvo en prisión. Y estaba a punto de volver cuando murió en ese accidente de avión.

Federico – ¿Por qué motivo?

Carlos – Lo acusaron de asesinato. Dadas sus antecedentes, se enfrentaba a cadena perpetua...

Federico – Un error judicial, supongo.

Carlos – Su padre no mató a nadie a sangre fría, se lo prometo.

Federico – Eso me tranquiliza, en efecto. Entonces, ¿tenía el temperamento fuerte?

Carlos – Lo único que debe saber es que Charles se desvinculó de todos sus asuntos en México y reinvirtió su capital en apartamentos de lujo en París y Londres. Todos sus negocios son completamente legales ahora. Hice lo necesario para eso.

Federico – Pero sigue siendo dinero sucio.

Carlos – Lo limpio y lo sucio, ya sabe... No se debería juzgar a las personas demasiado rápido. Especialmente a los padres. Creemos conocerlos mejor que nadie, pero al final (*se acerca al caballete y señala el lienzo*) solo conocemos el rostro que nos presentan. La parte visible de su iceberg interno...

Federico – No sé nada de mi padre... Ni siquiera recuerdo su rostro...

Carlos – Razón de más para no condenarlo por apariencias.

Federico – Mi único lujo es poder mirarme en el espejo por la mañana sin sentir vergüenza... No quiero renunciar a eso por cinco millones de euros.

Carlos – Nadie puede obligarle a aceptar esta herencia. Pero creo que sería un error por su parte rechazarla. Un error que probablemente lamentará tarde o temprano...

Federico – ¿Es una amenaza?

Carlos – Es un consejo de un amigo. Si rechaza su parte, el total irá a su hermana. Eso es todo.

Federico – ¿Y usted le ha contado todo esto?

Carlos – Ella me dejó en claro que prefería no saberlo.

Federico – Ya veo...

Carlos se levanta para irse.

Carlos – Le dejo que reflexione hasta mañana. Después, debo marcharme...

Federico – Como quiera, pero después de lo que acaba de decir, ¿realmente cree que voy a cambiar de opinión?

Carlos admira nuevamente la pintura.

Carlos – Es realmente hermoso lo que está pintando...

Federico – Gracias...

Carlos – Y este rostro me recuerda vagamente a alguien que conocí...

Federico – ¿Ah sí...?

Carlos – Tiene mucho talento. Un artista como usted solo debería preocuparse por su arte. Creo que eso es lo que su padre hubiera deseado.

Federico – ¿Fue él mismo quién se lo ha dicho?

Carlos – Gracias por el café.

Carlos se va. Federico se queda perplejo. Cristina llega.

Federico – Entonces, ¿cómo fue el regreso a clases?

Cristina – La rutina... Cuarenta alumnos por clase... de los cuales hay que aprender los nombres... que no todos son fáciles de pronunciar. Algunas caras nuevas entre los profesores... Jóvenes recién graduados a quienes debemos asegurarnos de no desanimar, mientras nosotros mismos tenemos dificultades para seguir creyendo.

Federico – No tienes un trabajo fácil, lo sé... Pero si ni siquiera tú crees en ello...

Cristina – Sí creo, Federico... El día en que realmente no crea más, no podré seguir adelante.

Federico – Tengo miedo de que algún día dejes de creer en mí...

Cristina – Eso nunca sucederá, tranquilo.

Federico – Al final, soy como todos esos niños con nombres impronunciables. También necesito que alguien crea en mí. Sin ti, ya habría tirado la toalla...

Breve abrazo.

Cristina – ¿Y tu día?

Federico – Nada especial...

Cristina – Bueno...

Federico – Ah, sí... El Crédito Solidario llamó por teléfono.

Cristina – Lo sé... Me llamaron a mi móvil...

Federico – ¿Hay algún problema?

Cristina – No pudieron cobrar la cuota del préstamo este mes. Estamos en descubierto...

Federico – Y apenas estamos a mitad de mes...

Cristina – Sí... 20 de diciembre... Pero como te niegas obstinadamente a creer en Papá Noel...

Federico – Si tan solo pudiera vender un cuadro. Uno solo...

Cristina – Voy a retomar algunas clases particulares.

Federico – Yo también podría dar algunas.

Cristina – ¿Clases de pintura?

Federico – Sí, claro, no clases de matemáticas...

Cristina – ¿Y realmente crees que encontrarías alumnos?

Federico – Puedo poner anuncios en la panadería.

Cristina – Sí... Pero tendrías menos tiempo para pintar...

Federico – Me las arreglaré.

Un momento de silencio.

Cristina – Me crucé con el abogado al llegar.

Federico – Ah, sí...

Cristina – ¿Y...?

Federico – Nada. Me trajo croissants de chocolate. Quedan, ¿quieres? Son muy buenos...

Cristina – ¿No crees que eso podría resolver todos nuestros problemas?

Federico – Tuve una conversación con él. Me contó cómo mi padre hizo fortuna.

Cristina – ¿Cómo?

Federico – Su dinero proviene de las drogas y la prostitución. Mi padre estuvo en la cárcel, y si no hubiera muerto en ese accidente de avión, habría recibido cadena perpetua. Por asesinato...

Cristina – Entiendo...

Federico – Siento que hay un "pero"...

Cristina – Pero al fin y al cabo, lo hecho, hecho está. ¡Imagina que has ganado la lotería! Si hubieras ganado la lotería, ¿tomarías el dinero?

Federico – Por supuesto.

Cristina – ¿Y entonces?

Federico – El dinero de la lotería no proviene de las drogas y la prostitución.

Cristina – Para la mayoría de los desafortunados de este país, la lotería es una droga. El dinero de la lotería proviene de todos los asalariados que dejan una parte de su sueldo cada mes en la lotería esperando hacer fortuna. ¡Y se arruinan cada día un poco más, tomando ese dinero para jugar en lugar de llenar la despensa familiar o pagar el comedor escolar! ¿Crees que eso es mejor? Ese dinero sucio es el que unos pocos afortunados ganadores se llevan cada semana. ¿En qué mundo vives, Federico?

Federico – Parece que sabes mucho sobre la lotería. Sin embargo, no juegas...

Cristina – ¿Cómo lo sabes?

Federico – ¿Juegas a la lotería?

Cristina – A veces.

Federico – Nunca me lo has dicho.

Cristina – Bueno, ves, al final, yo también tengo mi parte de misterio.

Federico – Lo siento.

Cristina – ¿Disculparte por qué?

Federico – Que mi esposa tenga que jugar a la lotería para poder pagar la hipoteca del apartamento.

Cristina – Aposté por ti, Federico.

Federico – Y perdiste.

Cristina – No, gané. Sé que tienes talento.

Federico – Aún queda convencer a los demás.

Cristina – Lo lograremos. Pero para eso, debes poder seguir pintando. No perder el tiempo dando clases de dibujo a adolescentes o jubilados.

Federico – No puedo hacer eso.

Cristina – ¿Qué?

Federico – Aceptar ese dinero.

Cristina – ¿A dónde irá ese dinero si no lo aceptas?

Federico – A mi hermana... Pero ella no lo tomará.

Cristina – ¿Crees eso?

Federico – Cuando se entere de dónde proviene realmente ese dinero, rechazará la herencia. Como yo.

Cristina – ¿Quieres apostar?

Federico – ¿Qué puedo ofrecerte si pierdo esa apuesta?

Cristina – No lo sé... ¿Cinco millones?

Negro.

ESCENA 3

El mismo escenario. Federico está con Victoria, más emocionada que nunca.

Victoria – ¡Es increíble, esta historia! Papá, dueño de burdeles en América del Sur. Parece sacado de una película...

Federico – Sí... Una película negra...

Victoria – Es increíble, esta historia...

Federico – Ten cuidado, Victoria, repites eso cada dos frases.

Victoria – ¿Qué?

Federico (*imitándola*) – ¡Es increíble, esta historia!

Victoria – Ah, también te parece. Eso es justo lo que decía...

Federico – Sí...

Victoria – Reconocerás que no es algo común lo que nos está pasando.

Federico – No parece afectarte mucho saber que tu padre era proxeneta y traficante de drogas.

Victoria – Mamá siempre lo presentó como un perdedor. Al menos, tuvo éxito.

Federico – ¿Perdón? ¿Éxito en qué?

Victoria – ¡En acumular una fortuna! ¡Siento como si hubiera ganado la lotería!

Federico – No te sumes también a lo de la lotería...

Victoria – Se parece mucho, ¿no? Este dinero que nos cae del cielo de repente.

Federico – ¿Estamos hablando de la muerte de nuestro padre, verdad?

Victoria – Sí, bueno, no lo habíamos visto en años. Y apenas lo conociste. No vamos a llorar, ¿verdad?

Federico – ¿No me digas que vas a aceptar esta herencia?

Victoria – ¿Estás bromeando? ¿Por qué no la aceptaría?

Federico – ¡Es dinero de la droga! ¡De la prostitución! ¡Del crimen!

Victoria – Carlos nos dijo que respecto al crimen, fue un error...

Federico – Aun así, ¡es dinero sucio!

Victoria – Era, tal vez. Ahora es dinero limpio. Pero haz lo que quieras...

Federico – No entiendo. Tú no necesitas dinero, ¿verdad?

Victoria – ¿Cómo lo sabes?

Federico – Vives en una gran casa burguesa, tienes dos coches, un apartamento en la nieve, una villa junto al mar...

Victoria – Ese es el dinero de Marco.

Federico – ¿No están casados ustedes?

Victoria – Nunca se tiene suficiente dinero. No todo el mundo está hecho para la vida bohemia como tú. Y ¿qué piensa Cristina al respecto?

Federico – Deja a Cristina fuera de esto... Y ¿qué dice Marco?

Victoria – A él, el dinero, ya sabes... No le importa de dónde viene. Mientras todo esté en regla...

Federico – Entonces aceptarás esta herencia...

Victoria – ¡Y cómo! Sin dudarlo...

Federico – Si haces eso, nunca nos volveremos a ver.

Victoria – Ya casi no nos veíamos de todos modos... Haz lo que quieras...

Federico – Muy bien, entonces vete de aquí... Y arregla tus asuntos con tu conciencia...

Victoria – Si no estuvieras tan cegado por tu orgullo, Federico, te darías cuenta de que también hay personas a tu alrededor que no están bien.

Federico – Detente, me harás llorar. Y no me digas que vas a donar ese dinero a organizaciones...

Victoria – No quiero hacer dinero a tu costa, Federico. Así que te prometo que si al final me corresponde tu parte de la herencia, la donaré a una organización.

Federico – ¿En serio? ¿Y cuál, si puedo preguntar?

Victoria – Una organización contra la violencia hacia las mujeres... ¿Por qué no?

Victoria se va. Federico se queda un momento perplejo, sin entender realmente. Cristina llega.

Federico – ¿Estabas aquí?

Cristina – Sí, vivo aquí. Y no estaba escuchando detrás de las puertas, si eso es lo que quieres decir.

Federico – No dije eso. Entonces, escuchaste de todos modos...

Cristina – Sí... Entonces, después de renegar de tu padre, ¿también renegarás de tu hermana?

Federico – No la veía así. Y estoy decepcionado...

Cristina – Sí, en efecto... Creo que no conoces bien a tu hermana.

Federico – ¿Ah sí?

Cristina – Pasas todo tu tiempo pintando rostros, tratando de desentrañar su misterio, como dices. Pero ¿miras los rostros de los que te rodean?

Federico – Me parece que sí...

Cristina – Si lo hicieras, habrías notado las marcas en el rostro de tu hermana...

Federico – ¿Qué marcas?

Cristina – Olvídalo, ya está...

Federico – No quiero ser como ella, eso es todo. ¿Es así como nos ves?

Cristina – ¿Cómo?

Federico – ¿Nos ves viviendo a lo grande con el dinero de un mafioso?

Cristina – Quieras o no, ese mafioso era tu padre.

Federico – Eso no puedo cambiarlo, es cierto, pero no estoy obligado a aceptar su dinero.

Cristina – ¡Ya no es su dinero, él está muerto! Es solo dinero. Si no lo tomas, tu hermana se quedará con todo. Y si ella no lo toma, irá a parar a otra persona. Y si nadie lo quiere, irá al Estado. ¡Al Estado mexicano!

Federico – Tal vez lo necesite más que nosotros.

Cristina – Nosotros tenemos pagos que hacer... No tengo elección... Pediré a mi madre que me adelante ese dinero. Y ella no es multimillonaria...

Federico – ¿Te imaginas viviendo en un apartamento que fue comprado con dinero de la prostitución? ¡No, pero... tú eres maestra! Pensaba que eso implicaba tener cierta moral...

Cristina – ¿Y tú me hablas de moral? Las pocas pinturas que vendes, las vendes a pijos para decorar sus salones. Sin mencionar a tu misterioso coleccionista ruso... ¿Sabes de dónde viene su dinero, ese tipo? ¿Le pediste garantías sobre el origen de su fortuna? Un ruso, deberías desconfiar. La mafia también existe en Rusia, ¿no?

Federico – Tal vez, pero ese tipo no es mi padre.

Cristina – Que yo sepa, no dedicas tu tiempo libre a organizaciones humanitarias... ¿Eso es ser un artista comprometido? ¿No es un poco prostituirse también?

Federico – ¡Así que llámame puta!

Cristina – ¡Yo trabajo en tu lugar!

Federico – Entonces, me llamas chulo...

Cristina – Eres un moralista, Federico. Pero no eres mejor que los demás. Si tomaras ese dinero, ya no tendría que trabajar.

Federico – ¡Pensé que hacías tu trabajo por pasión!

Cristina – Digamos que he satisfecho mi pasión, y me gustaría pasar a otra cosa. Y tú, ya no tendrías que...

Federico – ¿Pintar?

Cristina – ¡Perder tu tiempo buscando clientes!

Federico – Está bien, tienes razón, tomaré ese dinero. Pero será mío, te lo advierto. Así que serás tú quien viva a mi costa. Y veremos quién es la prostituta.

Cristina – No te daré ese trabajo. Podrás pagar todas las putas que quieras. Me voy.

Ella se va.

Negro.

ESCENA 4

Federico está adormilado en el sofá. Timbran el timbre. Se despierta. Va a abrir, lleno de esperanza, y vuelve decepcionado con Victoria.

Victoria – Disculpa, ¿te molesto?

Federico – Estoy un poco sorprendido, eso es todo. Pensé que te dije que nunca más quería verte...

Victoria – Justamente, vengo a pedirte perdón... Bueno... intentar una reconciliación. ¿Cristina no está aquí?

Federico – Se ha ido...

Victoria – ¿Se ha ido? ¿Quieres decir...

Federico – Me dejó.

Victoria – Lo siento mucho... No es por... Pero claro, no se abandona a un hombre que acaba de heredar cinco millones.

Federico – Si tú lo dices...

Victoria – A menos, por supuesto, que ese idiota rechace la herencia.

Federico – ¿Has vuelto para insultarme? Parece que se te escapó algo en el significado de la palabra "reconciliación"...

Victoria – No te preocupes, ella volverá... Si hubiera querido dejarte, ya lo habría hecho hace mucho tiempo. Bueno, quiero decir...

Federico – Sí, ¿qué quieres decir?

Victoria – Quiero decir que para haber estado contigo hasta ahora, realmente tenía que amarte.

Federico – Eso tampoco sé cómo tomarlo...

Victoria – No tienes un centavo. Y eres molesto.

Federico – Bueno, creo que ahora estamos bastante reconciliados. Así que si no tienes nada más que decirme...

Victoria – Disculpa. Estoy... un poco perturbada.

Federico – ¿Qué querías exactamente?

Victoria – Saber si puedo dormir aquí...

Federico – ¿Perdón?

Victoria – Solo por esta noche.

Federico – ¿Qué está pasando?

Victoria – También discutí con Marco...

Federico – Vaya... Ves... El dinero no trae la felicidad...

Victoria – Entonces, ¿me concedes el derecho de asilo?

Federico – Está bien... Pero solo por esta noche...

Victoria – Gracias... (*Un momento, parecen incómodos*) Me gustaría beber algo fuerte...

Federico – Tienes razón, ahoguemos nuestras penas en alcohol.

Victoria – ¿Tienes tequila?

Federico – Vas a reírte, pero sí.

Victoria – Terminemos la botella.

Federico – No corremos el riesgo de emborracharnos, solo queda un poco. Ha estado tanto tiempo ahí, me pregunto si todo el alcohol no se ha evaporado ya.

Victoria – ¿Qué podría quedar en una botella de tequila cuando todo el alcohol se ha evaporado?

Federico – No tengo ni idea... Bebamos, ya veremos.

Vacía el resto de la botella en dos vasos.

Victoria – Ah, casados en el año.

Federico – Ya estamos casados.

Victoria – Divorciados en el año, entonces...

Federico – Gracias, eso me levanta mucho el ánimo.

Brindan.

Victoria – ¡Salud!

Federico – ¡Salud...!

Vacían sus vasos de un trago.

Victoria – ¿No tienes algo más?

Federico – Sí. Vodka. También queda un poco de una botella.

Vuelve a llenar los vasos. Brindan nuevamente.

Victoria – ¿Sabes cómo se dice "salud" en ruso?

Federico – No, pero creo que después de unos tragos, me vendrá a la mente. (*Vuelve a llenar los vasos.*) Este también está vacío. Me queda un poco de whisky, creo. Raki. Y un coñac añejo.

Victoria – ¿Cuánto tiempo llevan estas botellas aquí?

Federico – Ya estaban aquí cuando compramos el apartamento...

Victoria – Vamos a terminar con todo. Tequila, vodka, whisky, raki, coñac...

Federico – Será la borrachera más internacional en la historia de la ebriología.

Victoria – Me recordará mi juventud. Cuando quería beber, me bebía un poco de cada botella en casa para que mamá no se diera cuenta de nada.

Federico – Yo tampoco me daba cuenta de nada.

Victoria – Tú, nunca te das cuenta de nada, eso es lo que te caracteriza.

Federico – ¿Ah sí? ¿Así es como me ves?

Victoria – Yo prefiero no saber cómo me ves...

Federico – Sí... Tal vez tengas razón... Un poco de hipocresía en las relaciones sociales no hace daño.

Victoria – Especialmente en las relaciones familiares.

Federico – No estoy acostumbrado a beber así.

Victoria – Pero se siente bien, ¿no?

Federico – Sí...

Victoria – Entonces, no pensemos en la resaca que tendremos mañana por la mañana... Nos arruinaría el placer...

Federico – La cantidad de cosas que no haríamos en la vida si pensáramos en las consecuencias.

Victoria – Como tener hijos, por ejemplo.

Federico – Seguro que por eso nunca he tenido hijos.

Victoria – Sí... Pero tú piensas demasiado. Ese es tu problema.

Federico – Tú no piensas lo suficiente. Eso promedia.

Victoria – ¿Cuánto tiempo ha pasado desde la última vez que nos embriagamos juntos?

Federico – Nunca nos hemos embriagado juntos.

Victoria – Es una lástima. Seguramente habría facilitado mucho nuestras relaciones familiares. Es muy difícil enfadarse con alguien que te ha visto vomitar sobre tus rodillas.

Federico – Intenta avisarme con un poco de antelación, al menos. Cristina valora mucho su alfombra. Es una herencia de su abuela...

Victoria – Mientras tanto, sírveme más, anda.

Federico – Vale... ¿Qué vamos a beber?

Victoria – Tenemos opciones, ¿no?

Él parece dudar frente a todas esas botellas.

Federico – No sé...

Victoria – ¿Qué pasa?

Federico – Si realmente tenemos opciones.

Victoria – No importa el frasco, siempre y cuando vomitemos al final.

Federico – No, quiero decir... la elección. ¿El destino, ¿sabes?

Victoria – ¿El destino?

Federico – ¿Realmente somos libres de nuestras elecciones, o está todo escrito de antemano?

Victoria – Bueno, ¿me sirves o qué coño?

Él llena los vasos mientras continúa reflexionando.

Federico – Si pudiéramos revivir nuestras vidas, sabiendo lo que sabemos. ¿Volveríamos a vivir exactamente lo mismo?

Victoria – ¿Decidiríamos volver a vivir lo mismo, quieres decir?

Federico – Imagina. Despiertas una mañana y has vuelto a la edad de quince años. Como si todo lo que has vivido después fuera solo un sueño. Y tienes que empezar de nuevo.

Victoria – Ya empiezo a tener dolor de cabeza.

Federico – ¿Querríamos tomar decisiones diferentes? ¿Intentar otro camino? ¿Incluso podríamos...? Y sobre todo, ¿sería esa otra vida que elegiríamos mejor o peor?

Victoria – No lo sé...

Federico – ¿Al querer hacer lo contrario a nuestros errores, no estaríamos cometiendo otro error?

Victoria – ¿De verdad tengo que responder?

Federico – Incluso diría más, ¿en la vida realmente podemos hacer algo más que cometer errores?

Victoria – Creo que voy a ir a vomitar.

Federico – ¿Fue la gota de raki la que derramó el vaso? ¿O fueron mis consideraciones filosóficas?

Victoria – La mezcla de ambos, creo... Voy a ducharme y acostarme.

Federico – Bueno... Entonces buenas noches...

Victoria se va. Federico se sirve otra copa. Cristina llega. No lo ve de inmediato, por lo que tiene un gesto de sorpresa al verla. Federico está bastante borracho.

Federico – No te había oído llegar.

Cristina – Solo vine a recoger algunas cosas...

Federico – De acuerdo...

Cristina – ¿Has estado bebiendo?

Federico – Sí...

Cristina – Tú nunca bebes.

Federico – Hay una primera vez para todo, ya ves. Quería demostrarte que siempre se puede cambiar. Especialmente para peor...

Cristina – Lamento que hayamos llegado a esto...

Federico – Soy yo... Perdóname. Te pido disculpas.

Cristina – Nos estamos lastimando. Por nada. Cuando lo tenemos todo para ser felices.

Federico – Excepto dinero, al parecer. Pero haré lo que quieras.

Cristina – Te amo. Eres lo que quiero. No ese maldito dinero...

Están a punto de besarse. Se escucha un ruido de vómito. Cristina ve los vasos.

Cristina – ¿No estabas solo?

Federico – Sí... Bueno, no...

Ruido de la cisterna. Luego de la ducha.

Cristina – ¿Hay alguien en el baño? ¡Vaya, me has reemplazado rápido!

Federico – Pero no, qué estás diciendo... Y además, ¿dónde habría encontrado a alguien para reemplazarte tan rápido? A menos que pagara...

Cristina – Esta vez no te vas a librar con un juego de palabras, porque esta noche no tengo mucho sentido del humor.

Federico – Es mi hermana.

Cristina – ¡Te estás burlando de mí! Hace dos horas, estaban peleados para siempre, ¿y ahora ella regresa a tu casa para tomar una ducha? ¿Tiene un problema de agua, es eso?

Se escucha otro sonido de vómito.

Federico – Aparentemente, vino principalmente a vomitar... Se peleó con Marco...

Cristina – Vaya... ¿Y viene directo a nuestra casa?

Federico – Me gusta cuando estás celosa... Aunque no te sienta muy bien. Con esa mueca en los labios. Solo falta la baba. Parece que vas a morder a alguien.

Cristina – Voy a ir a ver en el baño, y si no es tu hermana, podría terminar en un drama pasional.

Federico – Envolveremos el cuerpo en la cortina de la ducha y te ayudaré a deshacerte de ella...

Victoria llega.

Victoria – Si están hablando de mí, no se preocupen, no estoy segura de aceptar vuestra hospitalidad, después de todo...

Delphine – Buenas noches, Vanessa... No, no... Tranquila... Estábamos hablando de la amante de Frédéric.

Victoria – De acuerdo...

Federico – Que no existe, te lo aseguro...

Cristina – Pensé que eras mi reemplazo.

Victoria – Perdón por aparecer así, sin avisar. Los dejaré.

Cristina – No, no, puedes quedarte. No vas a volver allá esta noche...

Federico – ¿Y si él aparece aquí? Estoy tan borracho que podría querer darle una paliza. Y en mi estado, seguramente no saldría victorioso...

Victoria – Él no sabe que estoy aquí, tranquilos... Bueno, me voy a dormir... Seguro que tienen muchas cosas de las que hablar...

Cristina – Buenas noches, Victoria... Y ten cuidado con la alfombra en la habitación...

Victoria se va.

Federico – Este dinero casi ha destrozado dos parejas.

Cristina – Bueno, para la suya, no creo que sea eso.

Federico – ¿Entonces qué es?

Cristina – No lo sé...

Federico se queda pensativo por un momento.

Federico – Cuando murió, estaba siendo buscado por asesinato...

Cristina – Perdóname. Tú tienes razón. Rechaza esta herencia. Me quedo contigo. Por lo que eres. Por esa integridad.

Federico – Ya no sé dónde estoy parado... Casi no sé nada de mi padre, excepto su historial criminal... Y ahora, me deja suficiente dinero como para no tener que trabajar el resto de mis días...

Cristina – Vamos a acostarnos... Mañana será otro día... (*Federico titubea y ella le da el brazo*) ¿Quieres que te lleve hasta la cama?

Negro.

ESCENA 5

Cristina toma café. Victoria llega en bata.

Victoria – Buenos días, Cristina... Y gracias de nuevo por tu hospitalidad.

Cristina – De nada. ¿Dormiste bien...?

Victoria – No... pero no tiene nada que ver con la cama.

Cristina – Sí, vi los cadáveres de botellas.

Victoria – No son los únicos cadáveres que me han perseguido esta noche...

Cristina – ¿Quieres café?

Victoria – Gracias, sí.

Cristina le sirve una taza de café.

Victoria – Sé que nunca me has querido.

Cristina (*sorprendida*) – ¿Pero por qué dices eso?

Victoria – No dije que me odies... Pero me consideras una mujer mantenida, ¿verdad? Una pequeña burguesa de mente estrecha.

Cristina (*intentando bromear*) – También olvidas... un tanto reaccionaria.

Victoria – Tenías razón... Yo tampoco me quería a mí misma...

Cristina – ¿Y ahora?

Victoria – Ahora, ya no sé dónde estoy parada.

Cristina – Eso es un comienzo...

Victoria – No debes juzgarme, ¿sabes? Este dinero, aunque te parezca extraño, lo necesito realmente...

Cristina – Te escucho... Puedes confiar en mí...

Victoria – Ya no me llevo bien con Marco. Tiene una amante. Y la suya, créeme, sí existe...

Cristina – ¿La conoces?

Victoria – Es su asistente en la agencia inmobiliaria. Tiene diez años menos que él. Y sobre todo, tiene diez años menos que yo.

Cristina – Deberías dejarlo entonces...

Victoria – No es tan simple... Él ya no quería divorciarse, para no tener que dejarme la mitad de nuestros bienes y pagar una pensión alimenticia. Ahora, con la herencia que voy a recibir...

Cristina – ¿Él lo sabe?

Victoria – Estaba presente cuando Carlos vino la última vez.

Cristina – Pero vamos, ¡no puede negar el divorcio!

Victoria – No trabajo. Dependo completamente de él. Y luego están los niños... Él es retorcido, ¿sabes? Si todo esto terminara en un juicio, no sé de qué sería capaz, solo por separarme de mis hijos.

Cristina – ¿Qué quieres decir?

Victoria – Pretenderá que soy frágil psicológicamente. Que ya he intentado suicidarme...

Cristina – ¿Es cierto?

Victoria – Fue un accidente, ¡te lo aseguro! Tomo calmantes, es cierto. Ese día, tomé dos que no debí tomar juntos. Me desmayé. Vinieron los servicios de emergencia... Marco aprovechará eso para obtener la custodia de los niños. No lo soportaría... Y créeme, no fallaría esta vez...

Cristina – Lo entiendo... Pero no puedes seguir así...

Victoria – Este dinero me permitiría irme. Aunque le tuviera que dejar una parte, para que me deje en paz...

Cristina – No puedes ceder a ese chantaje. Es repugnante...

Victoria – Ya no sé... Me da miedo... Cuando Carlos vino, fue muy amable con él, pero cuando se fue, me dijo que quería su parte, o si no...

Cristina – ¿O si no qué? (*Victoria aprieta un poco más la bata contra ella*) ¿Y esos moratones que escondes bajo tu bata?

Victoria – No es nada... Me caí...

Cristina – No a mí, Victoria...

Victoria – Lo sé, es difícil de creer... Se piensa que solo ocurre en entornos humildes... Te preguntas cómo puedo aceptarlo...

Cristina – Es a ti a quien se lo pregunto.

Victoria – Nunca estuve acostumbrada a tomar decisiones.

Cristina – ¿Quieres que Federico hable con él? Después de todo, es tu hermano...

Victoria – Marco se vengaría de mí... Tal vez sobre los niños... Por favor, no se lo menciones a Federico...

Cristina – No puedes aceptar esto, Victoria. Necesitas buscar ayuda...

Suena el timbre. Cristina sale y vuelve con Carlos.

Carlos – Buenos días, Victoria... No pensé encontrarla aquí, pero no está mal verlos a ambos, con su hermano...

Cristina – Los dejo... Voy a avisar a Federico. Está en la ducha...

Sale.

Carlos – Lamento la decisión de su hermano. Deberías convencerlo de aceptar.

Victoria – Mi hermano no es alguien fácil de convencer...

Carlos – Sí, lo he notado...

Victoria – Lo entiendo, pero yo no tengo opción.

Carlos – ¿Por qué?

Victoria – Digamos que... este dinero me permitiría recuperar mi independencia. Si mi esposo accede a dejarme ir, por supuesto.

Carlos – ¿Su esposo no la hace feliz?

Victoria – Quiero divorciarme desde hace mucho tiempo... Pero... tengo miedo.

Carlos – ¿Miedo? ¿Miedo a qué?

Victoria – Prefiero no hablar de eso...

Carlos se levanta y, delicadamente, señala el moratón en la mejilla de Victoria, oculto detrás de un mechón de cabello.

Carlos – ¿Su esposo alguna vez la ha golpeado?

El silencio de Victoria suena como una confesión. De forma más brusca, Carlos aparta la bata para revelar los hombros de Victoria, y ve más marcas.

Carlos (*frío*) – ¿Él la hizo esto...?

Victoria ajusta su bata de nuevo.

Victoria – Quiero divorciarme, pero él no quiere.

Carlos – ¿Él no quiere...?

Victoria – Ahora que sabe que voy a recibir una gran herencia, quiere su parte.

Carlos – ¿No hicieron un contrato prenupcial?

Victoria – No.

Carlos – Entonces él no tiene ningún derecho sobre su herencia.

Victoria – Lo sé... Pero... no es tan sencillo.

Carlos – No se preocupe... Me encargo de explicarle.

Victoria – No creo que sea suficiente, desafortuna-
damente.

Carlos – Será suficiente, créame. Aunque no lo parezca,
puedo ser muy persuasivo.

*Federico llega y parece sorprendido por la cercanía entre
Carlos y Victoria. También nota la angustia de su
hermana.*

Carlos – Aunque, en cuanto a su hermano, aún no he
logrado convencerlo...

Victoria – Voy a terminar de vestirme...

Sale.

Carlos – Su hermana es alguien muy encantador.

Federico – Más bien usaría la palabra pegajoso, pero... sí.

Carlos – También es alguien muy frágil. Algunos podrían
abusar de ella...

Federico – ¿Qué quiere decir?

Carlos duda, pero cambia de tema.

Carlos – Debería aceptar mi propuesta.

Federico – ¿"Su" propuesta?

Carlos – La de su padre.

Federico – Pero él no decidió intencionalmente dejarme
esta herencia, ¿verdad? Solo soy el heredero directo...

Carlos – No tuvo tiempo de hacer un testamento. Pero sé
que habría querido que esta herencia fuera para sus hijos.

Federico – Y si simplemente no estoy destinado a ser
rico...

Carlos – Nadie está destinado a ser rico. Esa es
precisamente la ventaja de serlo...

Federico – Solo necesitaría cien mil euros para resolver
mis problemas de liquidez.

Carlos – Lo siento. No se trata de un legado, sino de una herencia. Es todo o nada.

Federico – Realmente, no sé...

Carlos – Pasaré mañana con la procuración. Solo tendrá que firmar. Y yo me ocuparé del resto. Mientras tanto, quería entregarle esto...

Le entrega un grueso cuaderno.

Federico – ¿Qué es esto?

Carlos – Su diario.

Federico – ¿Su diario? ¿Quieres decir su diario íntimo?

Carlos – O su diario de a bordo, como prefiera.

Federico – No sabía que los mafiosos llevaban un diario... ¿Podría ser comprometedor, verdad?

Carlos – Lo encontré entre sus documentos. Lo leerá más tarde. Espero que le ayude a entender algunas cosas...

Federico – ¿Usted lo has leído?

Carlos – Lo he hojeado... Prefería echarle un vistazo antes de entregárselo.

Federico toma el cuaderno.

Federico – Gracias. ¿Quiere tomar algo? Quedan unas botellas por ahí...

Carlos – Otra vez será... Tengo un asunto urgente que resolver... (*Echa un último vistazo al cuadro en proceso*) Me gustan mucho sus cuadros... Su padre tenía varios en su casa...

Federico – Perdón, ¿qué?

Carlos – Los hacía comprar a través de un galerista de Londres. Tenía una muy alta opinión de usted. No lo decepcione...

Se va, dejando a Federico atónito. Cristina regresa.

Cristina – ¿Estás bien?

Federico – Era mi padre quien compraba esas pinturas en Londres, a través de mi único cliente supuestamente ruso.

Cristina – ¿Estás seguro?

Federico – De hecho, él es quien me ha permitido sobrevivir todos estos años. Sin él, no habría vendido ni un solo cuadro.

Cristina – Es increíble esta historia... como diría tu hermana.

Federico – No quería ese dinero sucio, pero en realidad, ya estaba viviendo con él...

Cristina – Entonces, ¿qué hacemos?

Federico – Un poco más o un poco menos... Mi hermana tiene razón, el dinero siempre está sucio.

Cristina – ¿Aceptas la herencia, al final?

Federico – Encontraremos una forma de hacer una donación a una organización, como decía mi hermana... Para aliviar nuestra conciencia a bajo costo...

Negro.

ESCENA 6

Federico está leyendo el diario de su padre. Parece conmovido. Cristina llega.

Cristina – ¿Ya estás despierto?

Federico cierra el diario.

Federico – No he cerrado los ojos en toda la noche.

Cristina se sirve una taza de café.

Cristina – Lo sé... Yo tampoco.

Federico – Tenía que leer esto de todas formas.

Cristina – ¿Quieres hablar de ello?

Federico – Es curioso... No sabía nada de mi padre, y ahora que está muerto, sé más sobre él de lo que cualquier hijo sabrá jamás sobre su padre.

Cristina – Espero que eso te ayude a reconciliarte un poco con él.

Federico – Preferiría haberlo hecho en vida, pero bueno...

Cristina – ¿Me lo contarás?

Federico – Por supuesto... Incluso podrás leerlo. Más adelante...

Cristina – De acuerdo.

Federico – Créeme, hay suficiente material como para escribir una novela.

Cristina – ¿Lo harás?

Federico – Me toca demasiado de cerca, no podría hacerlo. Además, tú eres la escritora, ¿no?

Cristina – Sí... Aunque aún no he escrito nada...

Federico – No te creo.

Cristina – Vale, tengo algunas notas en mis cajones. Y un comienzo de novela...

Federico – Estoy ansioso por leerlo...

Cristina – ¿Y si te decepciona?

Federico – Nada de lo que venga de ti podrá decepcionarme nunca.

Cristina – Ahora soy yo quien necesita que creas en mí.

Federico – Cuidado... Dije que no me decepcionaría, no dije que necesariamente lo encontraría bueno...

Cristina – ¿Si es tan malo, me lo dirás?

Federico – ¿Qué opinas?

Cristina – Creo que sabrás hacerme entender.

Federico – Un día te mostraré mi primer cuadro.

Cristina – ¿Lo has guardado?

Federico – No se lo muestro a nadie, claro. Pero cuando realmente dudo de mí mismo, le echo un vistazo. Me doy cuenta del camino recorrido y me levanta el ánimo. Al menos por un tiempo, porque luego pienso en el camino que aún falta por recorrer.

Cristina – Tengo curiosidad por verlo...

Federico – Lo verás. Eso te hará más indulgente con tu primera novela. ¿Realmente crees que Leonardo da Vinci pintó La Mona Lisa a la primera? El genio no existe. Tampoco existe la verdad o la perfección. El genio es una determinación total para perseverar en el error. Hasta lograr equivocarse de una manera sublime.

Están a punto de besarse cuando suena el timbre. Cristina va a abrir y regresa con Victoria, más tranquila y sonriente, con una bolsa de papel en la mano.

Victoria – Hola Federico. Hola Cristina. Aquí les traje unos croissants de chocolate.

Federico – ¿Qué les pasa a todos últimamente con eso? ¿Hay una promoción de croissants de chocolate en la panadería de la esquina?

Cristina – ¿Quieres un café?

Victoria – Sí, gracias.

Federico – Parece que estás mejor, ¿no?

Victoria – Voy a divorciarme.

Federico – En tu caso, supongo que es una buena noticia.

Victoria – Lo es.

Cristina – ¿Han llegado a un acuerdo con Marco? De mutuo acuerdo...

Federico – ¿No te pidió que le dejaras la mitad de tu herencia, al menos?

Victoria – No. No me pidió nada en absoluto. No sé por qué, ahora está siendo muy amable conmigo.

Cristina – ¿Y no le prometiste nada a cambio de su consentimiento para el divorcio?

Victoria – Nada... Incluso en cuanto a los niños, está de acuerdo en dejarme la custodia exclusiva.

Federico – Eso es lo que querías, ¿no?

Victoria – Claro. Por eso no quería divorciarme antes de tener la certeza de poder quedarme con ellos.

Federico – ¿Crees que habría sido capaz de hacerles daño a los niños?

Victoria – No lo sé...

Cristina – Y... ¿tienes alguna idea de qué pudo hacerlo cambiar de actitud tan repentinamente?

Victoria – No... (*Una pausa*) La última vez, volvió a casa con marcas de golpes en la cara. No sé si hay alguna relación...

Federico – Ah sí... Tal vez un poco sí...

Victoria – ¿Sabes quién pudo haberle hecho eso?

Federico – En todo caso, no fui yo, te lo juro.

Victoria parece incómoda.

Cristina – Voy a terminar de arreglarme.

Cristina sale.

Federico – ¿Tienes algo más que decirme?

Victoria – Sí...

Federico – Te escucho.

Victoria – Mamá me hablaba mucho, ¿sabes? Especialmente hacia el final de su vida... A veces me confiaba cosas...

Federico – Más que a mí, eso está claro... ¿Y?

Victoria – Hay algo que nunca te dijo... Bueno, creo... Algo que me gustaría que supieras...

Federico – De acuerdo...

Victoria – En realidad, si tu padre se fue...

Federico – "Mi" padre. También es el tuyo, ¿no?

Victoria – Justamente... Si Charles se fue... fue porque ella lo había engañado.

Federico – ¿Perdón?

Victoria – De hecho, no soy su hija. Fue al enterarse de eso que Charles decidió irse a América.

Federico – ¿Mamá fue quien te lo dijo?

Victoria – Sí.

Federico – Vale... (*Una pausa*) Y yo, ¿qué?

Victoria – ¿Y tú?

Federico – ¿Soy hijo de quién?

Victoria – Eres sin ninguna duda hijo de Charles, tranquilízate.

Federico – Siendo mi padre un proxeneta y un narcotraficante, no estoy seguro de que eso me tranquilice, pero bueno... Muy bien... Y tú, ¿de quién eres hija?

Victoria – Del mejor amigo de Charles, que también era su socio, creo. Un tal Karl que también desapareció poco después de mi nacimiento.

Federico – Espero que no en circunstancias misteriosas...

Victoria – Mamá nunca lo volvió a ver. Y yo tampoco, obviamente...

Federico – ¿Y eso explicaría por qué Charles nos abandonó a todos?

Victoria – Se sintió traicionado. Por su esposa. Por su amigo. No pudo soportarlo. Por eso se fue a América.

Federico – ¿Y ahora me lo dices?

Victoria – Principalmente me afectaba a mí.

Federico – Entonces, ¿por qué me lo dices ahora?

Victoria – Voy a aceptar esta herencia... Tú estás pensando en rechazarla... Sería absurdo que todo ese dinero vaya a parar a mí en lugar de a ti, cuando ni siquiera soy su hija...

Federico – Él te reconoció, ¿verdad? Llevas su apellido.

Victoria – Cuando fue a registrarme en el ayuntamiento, aún no sabía que no era su hija.

Federico – No eres responsable de todo esto, Victoria. Eres como yo, una víctima. Para mí, siempre serás mi hermana... Para lo bueno y, sobre todo, para lo malo...

Victoria – ¿Entonces estás dispuesto a compartir conmigo?

Federico – Por supuesto... Ni siquiera sabría qué hacer con cinco millones, así que imagínate con diez.

Victoria – Gracias, Federico... Sabes, en realidad, nunca te odié... tanto como parecía.

Federico – Esa confesión me conmueve mucho.

Victoria – Creo que en realidad, sentía envidia de ti.

Federico – ¿De mí? Soy un artista fracasado. Vivo a expensas de mi esposa. Y según ella, soy un sermoneador...

Victoria – Sí, eso... No es del todo falso tampoco...

Federico – Entonces, ¿de qué exactamente estás celosa?

Victoria – Supongo que de tu independencia. Elegiste tu vida. Contra viento y marea. Intentaste cumplir tu sueño... Aunque no lo lograste...

Federico – Gracias...

Victoria – Pero al menos lo intentaste.

Federico – Sí... ¿Y tú no?

Victoria – Mi problema es que no tenía ningún sueño en absoluto... Así que me conformé con casarme, con alguien que cuidara bien de mí. Al menos eso pensaba...

Federico – Entonces, tú también crees que no tenemos elección...

Victoria – ¿Elección? La vida es como el Scrabble. La regla es la misma para todos y te hacen creer que cada uno tiene la misma oportunidad de ganar. Pero cuando sacas letras de mierda al principio, y eso continúa durante el juego... W, K, Y...

Federico – Si agregas algunas más, puedes formar whisky.

Victoria – Eso es lo que hice... Whisky, Vodka, Raki...

Abrazo fraternal.

Federico – Realmente lo siento. Lo tenía frente a mis ojos y no vi nada...

Victoria – Sí... Para un pintor... es irónico. No ver nada...

Federico – Me culpo... Yo era tu hermano mayor, era mi deber protegerte.

Victoria – Mi medio hermano mayor...

Federico prefiere volver a hacer una broma.

Federico – Tienes razón... La buena noticia de todo esto es que... al final, solo eres mi media hermana.

Victoria – Y a pesar de eso, todos tus problemas son por mi culpa, ¿ves?

Federico – Curiosamente, no me sorprende...

Victoria – También te conté esto para que seas un poco más indulgente con tu padre.

Federico – Después de todo... no todos los esposos engañados se van a América a abrir burdeles...

Victoria – No... Es el destino, como dices. Debe ser que eso también estaba escrito de antemano...

Federico – Sí...

Victoria – Y tú, ¿qué hay de ti?

Federico – ¿Yo?

Victoria – Ya que estamos en el momento de las confidencias... ¿Hay algo que deba saber?

Federico – Aún no...

Victoria – ¿Cómo que aún no?

Federico – Carlos me entregó... el diario de papá. Aún no he terminado de leerlo.

Victoria – Pensé que solo las chicas jóvenes un poco depresivas escribían un diario...

Federico – Parece que ese viejo proxeneta también tenía su parte de feminidad.

Federico le entrega el diario y ella lo hojea. Timbran. Cristina llega con Carlos.

Carlos – Listo, todos los papeles están aquí. Solo tienen que firmar.

Victoria – Muy bien.

Carlos – Pero antes, tengo que decirles algo.

Federico – ¿Otra vez? Realmente usted sabe cómo crear expectación.

Cristina – Sí... Deberías escribir obras de teatro...

Federico – Le escucho... Pero temo lo peor...

Carlos – En México, su padre protegió a una niña. Una huérfana que ahora tiene cinco años...

Federico – Esa es la edad que yo tenía cuando me abandonó...

Carlos – Antes de morir, su padre no tuvo tiempo de adoptar formalmente a esa niña...

Victoria – ¿Y qué?

Carlos – El proyecto de su padre era traerla de vuelta a España, para que pudiera recibir una buena educación y tener un mejor futuro. Por supuesto, ahora...

Federico – Creo que empiezo a entender...

Victoria – Y dices que no es su hija biológica.

Carlos – Es la hija de una prostituta que trabajaba en uno de sus establecimientos y que falleció poco después del nacimiento. Por supuesto, no sabemos quién es el padre...

Un momento.

Victoria – ¿Y nuestra herencia está condicionada a que nos ocupemos de este niña?

Carlos – No está especificado en un testamento, ya que Charles no había hecho uno. Pero es evidente que es sin duda lo que su padre hubiera deseado...

Victoria – No sé qué decir... Federico, ¿qué opinas al respecto?

Federico – ¿Realmente tenemos elección...?

Carlos – Desde un estricto punto de vista legal, pueden aceptar esta herencia y no preocuparse por el futuro de esta niña.

Cristina – Legalmente, sí. Pero sería monstruoso...

Federico – ¿Tienen una foto?

Carlos – Por supuesto.

Victoria – ¿Eres consciente, Federico, de que si vemos esta foto, aunque sea por un segundo, no podremos volver atrás?

Federico – Dame esa foto.

Carlos le entrega la foto y él la mira detenidamente. Luego se la pasa a Victoria.

Victoria – No, lo siento... No puedo... No ahora...

Cristina toma la foto y la mira. Intercambia una mirada significativa con Federico.

Federico – ¿Todavía tienen muchas noticias como esta? Porque si no, mejor díganos todo de una vez...

Carlos – Creo que esta vez, saben todo.

Federico – Lo dudo.

Carlos – Digamos... todo lo que necesitan saber.

Silencio.

Victoria – Yo ya tengo dos hijos... Y no tengo esposo...

Federico – Pero eres multimillonaria.

Carlos – Es una decisión importante. Si lo desean, puedo darles algún tiempo para reflexionar.

Federico – Si reflexionamos, diremos que no. Mi hermana tiene razón, reflexiono demasiado.

Carlos – Entonces, ¿es un sí?

Federico – Cristina?

Cristina – No tuvimos hijos. No sé realmente por qué.

Federico – Mi historia personal no me alentó mucho a formar una familia.

Cristina – No insistí. Para no perderte. Será el niño que no tuvimos juntos...

Federico – Justificará tomar este dinero. Por esta niña. Para ofrecerle una vida feliz. Al menos una vida mejor...

Victoria – Sí, para ella será una reparación, y para nosotros, será una especie... de castigo. (*Los demás la miran, sorprendidos*). Quiero decir, por haber aceptado dinero sucio...

Federico – No quería tomar este dinero para mantener la conciencia limpia. Pero al final, conciencia limpia, dinero sucio... El amor tampoco siempre es limpio...

Carlos – También tengo los documentos de adopción para la niña... Si están de acuerdo, solo tienen que firmar.

Cristina – Y esta niña, ¿dónde está?

Carlos – En un orfanato en México.

Un momento.

Federico – Aceptamos esta herencia. Y adoptamos a esta niña...

Victoria – Gracias... Os ayudaré, lo prometo.

Cristina (*a Victoria*) – Estoy segura de que serás una tía maravillosa...

Carlos – En ese caso, solo tienen que firmar.

Federico – Muy bien.

Carlos – ¿No quieren leer primero?

Federico – Realmente no sé por qué, pero confío en usted.

Federico y Victoria firman los documentos.

Carlos – Con esta autorización, realizaré todos los trámites en su nombre. Serán informados sobre las transferencias de propiedad y los pagos.

Cristina – ¿Y para la niña?

Carlos – Con estos documentos, podrán ir a buscarla de manera legal. En unas semanas...

Cristina – Iremos tan pronto como sea posible.

Carlos – Gracias.

Victoria – Tomaste la decisión correcta, Federico.

Federico – No creo que tuviera elección. Pero de todas formas, fue la elección correcta.

Carlos – Entonces los dejaré. En familia.

Cristina – Gracias...

Carlos está a punto de irse.

Victoria – ¿Nos volveremos a ver?

Carlos – Solo Dios lo sabe... Pero desde lejos, seguiré recibiendo noticias de ustedes...

Cristina y Victoria se alejan por un momento. Federico se dirige a Carlos en voz baja.

Federico – ¿Y para mi hermana? ¿Fue usted quien pudo hablar con su esposo?

Carlos – Tuvimos una pequeña conversación, en efecto. Le recordé algunos puntos legales relacionados con la legislación de herencias.

Federico – Es usted realmente pedagógico, porque hasta ahora, él no quería escuchar nada... Mi hermana me dijo que su esposo tenía la cara un poco hinchada... Supongo que cuando dice algunos puntos de derecho, incluye también algunos directos de derecha para resaltar la importancia de sus palabras, ¿verdad?

Carlos – Digamos que... le di la opción entre el divorcio y la viudez. Aclaré que con viudez me refería a la de su esposa. Lo entendió perfectamente.

Federico – ¿Por qué hace todo esto por nosotros?

Carlos – Ya se lo dije, su padre era un amigo. Estoy acostumbrado a ocuparme de sus asuntos...

Federico – ¿Cómo era mi padre? Como amigo...

Carlos – No era muy demostrativo, pero era alguien en quien se podía confiar. Habría aceptado morir por ustedes...

Victoria se acerca.

Victoria – También me tengo que ir. Los niños me están esperando. Nos instalamos en el hotel temporalmente. (*A Carlos*) ¿Me puede llevar?

Carlos – Por supuesto...

Carlos y Victoria se van.

Cristina – ¿Crees que ya encontró un nuevo protector?

Federico – Pensé que ibas a decir chulo... (*Incredulidad*) ¿No? Podría ser su padre.

Cristina – En el punto en el que estamos, nada podría sorprenderme más...

Federico – ¿Qué quieres decir?

Cristina – Tal vez él sea el amigo de tu padre... Su socio que habría tenido una aventura con su esposa.

Federico – ¿Y Carlos sería el padre de Victoria?

Cristina – ¿Recuerdas cómo se llamaba ese hombre que también desapareció misteriosamente?

Federico – Karl.

Cristina – Karl, Carlos... Admite que es desconcertante.

Federico – Creo que estamos empezando a delirar, ¿no?

Cristina – Sí... Y, en realidad, podría ser que tu madre haya inventado todo esto.

Federico – ¿Tú crees...?

Cristina – Hay que decir que al final, ella estaba perdiendo seriamente la cabeza, ¿no?

Federico – ¿Y por qué habría inventado a este... Karl? ¿Por qué habría afirmado haber engañado a mi padre? No es precisamente el tipo de cosas de las que uno se jacta.

Cristina – No lo sé... Tal vez para justificar que vuestro padre os haya abandonado. Para ayudaros a aceptarlo. Es difícil aceptar que un padre te abandone sin razón. Al menos así, tenía una razón. Tomaba la culpa sobre sí misma, de alguna manera...

Federico – Sí...

Cristina – O tal vez, simplemente estaba loca.

Federico – Bueno... No sé si se puede decir que todo ha terminado bien.

Cristina – De todos modos, vamos a recibir cinco millones...

Federico – Podré seguir pintando.

Cristina – Y para mí, será mi última vuelta a clases.

Federico – Tu próxima será la vuelta literaria...

Cristina – Y nuestro primer viaje de millonarios será a México.

Federico – Quieres decir nuestro último viaje como pareja sin hijos. Porque después...

Cristina – Al final, Carlos era buena persona.

Federico – Sí. Lo que está claro es que tenía un buen gancho derecho.

Suena el teléfono.

Cristina – Sí... Crédito Solidario... Ah, sí...

Federico – Pásamelos... (*Toma el auricular*) Sí... Escuche, estimado señor, lamento mucho, pero tendremos que cambiar de banco... Sí, eso es... Vamos a elegir un banco más acorde con nuestro patrimonio... Que tenga un buen día.

Cristina – La paternidad te sienta bien.

Federico – Esperaba esto para convertirme completamente en un hombre...

Mira su computadora que acaba de emitir un sonido.

Federico – Oh, un nuevo encargo... de mi cliente misterioso.

Cristina – Entonces, al final no sería tu padre, ¿verdad?

Federico – ¿Entonces quién?

Cristina – ¿Ese abogado mexicano...? Me dijiste que le gustaba mucho tu pintura...

Federico – Tal vez...

Cristina – O quizás... es que tu padre no está realmente muerto.

Federico – ¿Perdón...?

Cristina – Carlos dijo que nunca encontraron su cuerpo. Para alguien buscado por la policía, morir es una buena solución.

Federico – Antes de renacer con una identidad falsa. ¡Pero seguiría siendo reconocible!

Cristina – También está la cirugía estética.

Federico – ¿Y habría abandonado a su hija?

Cristina – No sería la primera vez que cambia de vida abandonando todo atrás.

Federico – Y de todos modos, no la está abandonando realmente, ya que logró colárnosla.

Cristina – No puede llevarla consigo en su fuga, eso es todo, y quería asegurar su futuro. Al igual que el nuestro, por cierto...

Federico – ¿Tú crees?

Cristina – ¿Y si fuera él?

Federico – ¿Él?

Cristina – Carlos, tu padre.

Federico – ¡Pero vamos, lo habría reconocido!

Cristina – Si se hizo cambiar la cara...

Federico – Aun así...

Cristina – Casi no lo conociste... Y además, Charles... Carlos... Carlos es Charles en español, ¿no?

Federico – Como Karl es Carlos en alemán. Entonces, según tú, ¿Charles, Karl y Carlos serían la misma persona...?

Cristina – Es solo una hipótesis. Probablemente nunca lo sabremos...

Silencio.

Federico – No sé si lo volveremos a ver algún día...

Cristina – Es poco probable. Es demasiado peligroso para él...

Federico mira la foto de la niña mexicana.

Cristina – ¿Crees que es verdad lo que nos contó?

Federico – ¿Qué?

Cristina – Que es hija de una prostituta, nacida de padre desconocido... Tal vez sea su hija... ¿Cómo se parecía tu padre?

Federico – Ya no lo recuerdo muy bien.

Cristina – ¿No tienes una foto?

Federico – Lo quemé todo.

Cristina – Se parece un poco a ti...

Federico – ¿Crees?

Cristina – Tienes razón. Descifrar el misterio de un rostro es obra de toda una vida.

Federico – Y aún así, ni siquiera estamos seguros de lograrlo.

Cristina – Especialmente cuando la gente cambia su rostro intencionalmente...

Federico – Tengo la sensación de que no hemos terminado con esta novela familiar... Pero, ¿aún podemos llamarla familia?

Cristina – Una familia... De todos modos, vamos a tener una, ¿no?

Federico – Sí... Una niña a quien cuidaremos y amaremos durante veinte años, y quien nos reprochará por el resto de su vida todo lo que no hicimos por ella. Haciéndonos responsables de todo lo que no va bien en su vida...

Cristina – Tengo ganas de empezar.

Federico – Yo también...

Cristina – Creo que tengo una idea para mi primer libro. No será una novela, sino una obra de teatro. Ya tengo el título "El olor del dinero"...

Federico – Por lo menos, el título es muy bueno.

Ella mira el cuadro.

Cristina – Este rostro, ¿es el de tu padre, verdad?

El teléfono móvil de Federico suena.

Federico – Sí, ¿hola? Sí, soy yo... No, no fui yo quien... De acuerdo... No, no, mañana a las 15 horas está bien. Perfecto... Nos vemos mañana entonces... Gracias... (*Guarda su teléfono móvil*) Era la directora de la más importante galería de Madrid. Quiere exhibir mis cuadros.

Cristina – ¿En serio?

Federico – Te lo aseguro... Espero que no sea una broma.

Cristina – No lo creo.

Federico – ¿Y si fuera Carlos?

Cristina – ¿Carlos?

Federico – Bueno... Charles... O Karl... Tal vez los haya visitado... Les haya ofrecido dinero... O peor aún... Los haya amenazado...

Cristina – Tu confianza en ti mismo siempre me sorprenderá... ¿Entonces piensas que una galería solo aceptaría exhibir tus cuadros bajo amenazas?

Federico – Lo siento... No estoy acostumbrado... Pero dijeron que ya conocían mi trabajo... Seguro que alguien...

Cristina – Fui yo.

Federico – ¿Tú?

Cristina – Fui a verlos con tu catálogo.

Federico – ¿Y me aceptaron basándose en el catálogo?

Cristina – Les interesó. Vinieron aquí y les mostré tus cuadros. Un día en que no estabas.

Federico – ¿Por qué no me lo dijiste?

Cristina – No quería que te decepcionaras. Por si acaso no funcionaba... Y de todas formas, no lo habrías creído.

Federico – Pero tú sí lo creías.

Cristina – Siempre he creído en ti.

Federico – Al final, soy como Dios o Papá Noel... Necesito que crean en mí para seguir existiendo.

Cristina – Todo el mundo quiere creer en Papá Noel cuando te trae cinco millones de euros en su saco...

Se besan. Ella mira el cuadro.

Cristina – ¿Terminaste tu retrato?

Federico – Creo que sí...

Cristina – Es magnífico... Será la pieza central de tu primera exposición en Madrid.

Federico – Sí...

Cristina – Se parece un poco a Dios, ¿no?

Federico – No sé... ¿A qué se parece Dios?

Cristina – Supongo que a la imagen que nos hacemos de él.

Federico también contempla el cuadro.

Federico – O a Papá Noel... Aquel al que nunca se ve pero que te trae regalos...

Cristina – Intentaremos hacer algo limpio con toda esta suciedad.

Federico – Esperemos tener realmente la opción.

Cristina – Entonces, esperemos... Y si al final resulta que no teníamos elección... siempre habremos tenido la esperanza.

Federico – La esperanza hace vivir...

Cristina – Por favor, dime que no empezarás a citar proverbios a cada rato como tu hermana.

Federico – Mi media hermana... Bueno, eso creo...

Fin.

Este texto está protegido por las leyes
relativas al derecho de propiedad intelectual.
Toda copia es susceptible de una condena,
hasta de 300 000 euros y 3 años de prisión.

Novembro de 2023